CE2
cycle 3

Contes du Maghreb

- **Le pois chiche magique**
  Algérie
- **Chafik, le marin**
  Maroc
- **L'oiseau doré et la sloughia**
  Maroc
- **M'Hamed, le fils du sultan**
  Tunisie

Notes de **Pascal Dupont**
Formateur
IUFM Midi-Pyrénées

hachette
ÉDUCATION

Édition : Thierry Amouzou
Fabrication : Nicolas Schott
Illustrations : Christian Kingue Epanya, Arno Celerier, Amandine Laprun, Évelyne Faivre
Création de la couverture : Estelle Chandelier
Réalisation de la couverture : Estelle Chandelier
Maquette intérieure : Laurent Carré, Michaël Funck
Réalisation : Créapass, Paris
Photogravure : Nord Compo

Crédits textes : « Le pois chiche magique », extrait de l'ouvrage *30 contes du Maghreb* de Jean Muzi, © Flammarion ; « Chafik le marin », extrait de l'ouvrage *7 contes du Maroc* de Tony Barton, traduit de l'anglais par Martine Delattre, © Flammarion ; « L'oiseau doré et la sloughia », extrait des *Contes du Maroc*, texte original d'Henri Berger, © Éditions Gründ ; « M'Hamed, le fils du sultan », extrait de *L'Ogresse* de Nacer Khémir, © Syros, 2001.

Crédits photographiques : page 11 © José Marea / Hoa-Qui **page 29** Porte traditionnelle, Essaouira, Maroc © Travel Library / Sunset **page 67** Chien lévrier arabe – Sloughi © Adriano Bacchella/Jacana **page 99** *Portrait de Mustapha Sussen*, (inv. 988.28), réalisé par Anne-Louis Girodet-Trioson, 1819, huile sur toile, 59 × 46 cm, © musée Girodet / Jacques Faujour

Cet ouvrage est imprimé sur du papier composé de fibres naturelles, renouvelables, recyclables, et fabriqué à partir de bois issu de forêts gérées de façon durable conformément à l'article 206 de la loi n° 2010-788 du 12 juillet 2010.

ISBN : 978-2-01-117509-0

43 quai de Grenelle 75905 Paris cedex 15

www.hachette-education.com

AVANT-PROPOS

Des contes d'ailleurs en littérature pour quoi faire ?

Les apprentissages fondamentaux – parler, lire, écrire – ne sauraient se résumer à des savoir-faire décontextualisés et vides de sens. Les contes d'ailleurs sont des textes fondateurs partagés par plusieurs générations. Ils posent des questions essentielles sur le monde et aident à mieux se connaître.
Ouvrir aux enfants la porte du monde à travers la littérature, c'est les faire voyager dans des univers différents, à la fois si lointains et si proches des préoccupations de chacun, afin de tisser des liens entre passé imaginaire et présent réel, entre traditions et société actuelle ; de rencontrer l'autre, sa vie quotidienne, son histoire, ses traditions et ses productions artistiques.
À travers la lecture de ces contes, les élèves se constitueront une première culture, grâce à des références nombreuses et variées, donnant accès à des outils pour voir, comprendre, imaginer et penser le monde autrement.

Quelles œuvres choisir ?

Le *Bibliobus Hachette « Contes d'ailleurs »* propose aux jeunes lecteurs un choix de contes issus du patrimoine de différentes cultures. Chacun d'eux recèle une part de l'identité et de l'héritage communs à un peuple, une communauté, un espace géographique qui entrera en résonance avec les expériences et les lectures à venir du jeune lecteur, nourrira sa réflexion et fera naître des interrogations.
Une attention particulière est portée dans les textes au lexique qui permet de restituer une atmosphère, des couleurs ; de mieux appréhender un environnement.

Des contes du Maghreb

Les contes de ce recueil proviennent tous du Maghreb, nom que les Arabes donnent à l'extrémité septentrionale de l'Afrique qui tient son unité géographique des chaînes de l'Atlas qui s'étendent le long de la bande côtière du Maroc, de l'Algérie et de la Tunisie. Les contes de cette région ne connaissent pas les frontières politiques. Ils ont pour dénominateurs communs l'arabe littéraire, langue officielle, la religion musulmane et le type de société à peu près identique d'un pays à l'autre. Aussi retrouve-t-on de conte en conte des motifs littéraires comme le pois chiche, plante du pourtour méditerranéen ; le personnage archétypique du Ghoul, démon que l'homme doit affronter ; le thème du voyage maritime commercial, qui n'est pas sans rappeler les aventures de Sindbad ; ou le thème de la justice incarnée par un Sultan, à la fois chef politique et religieux. Ces motifs tout en enracinant ces contes dans l'ensemble du Maghreb permettent leur circulation au-delà (Moyen-Orient) et contribuent à leur originalité et à leur vivacité.

Devenir lecteur

On le sait depuis longtemps : il ne suffit pas d'avoir appris à lire pour devenir lecteur. Le goût et le plaisir de lire ne peuvent se développer qu'à partir de rencontres fréquentes avec les textes.
Il convient donc avant tout de lire beaucoup.
Les adultes accompagneront les enfants sur le chemin de la lecture en lisant eux-mêmes des textes à haute voix qui permettent de « raconter » l'histoire. Ils donneront ainsi aux enfants l'occasion de partager des émotions, de développer une première forme d'esprit critique tout en les guidant dans leur compréhension.
Pour éviter la mise en mémoire d'informations fragmentées, ils les aideront peu à peu à tisser des réseaux de significations entre différentes œuvres, différentes époques, différentes identités.

La littérature et l'ailleurs

L'école s'est fixé pour objectif de donner à chaque enfant des références culturelles solides, nécessaires pour que le monde des hommes commence à prendre sens pour lui.
À l'école, les enfants sont amenés à « découvrir les horizons que la confrontation avec autrui ouvre à chacun[1] ».

« Plus largement, la comparaison avec des sociétés différentes dans le temps et dans l'espace doit permettre à l'enfant de se construire une identité forte, à la fois sûre d'elle-même et ouverte, fondée sur la conscience de s'inscrire dans un héritage et de participer à l'aventure d'un espace commun à tous les hommes [1]. »
Dans le domaine de la littérature : « Il faut que les enfants lisent et lisent encore de manière à s'imprégner de la riche culture qui s'est constituée et continue de se développer dans la littérature de jeunesse. C'est aussi sur la base de ces lectures que peuvent se développer dans l'école des débats sur les grands problèmes abordés par les écrivains, comme sur l'émotion tant esthétique que morale qu'ils offrent à leurs lecteurs [1]. »

Il appartient aux éducateurs – enseignants, parents, médiateurs du livre – de relayer cette ambition.

Pascal Dupont
Formateur à l'IUFM Midi-Pyrénées

[1] *B.O.* hors série n° 5 du 12 avril 2007.

Jean Muzi

Le pois chiche magique

Illustré par Christian Kingue Epanya

Le légume le plus insignifiant peut posséder parfois des pouvoirs insoupçonnables.

Un jeune garçon avait été enlevé et vendu comme esclave. On l'avait mis dans un bateau et envoyé au-delà des mers pour travailler chez un riche propriétaire terrien. Il vécut à son service en compagnie d'autres esclaves qui étaient tous d'âge mûr. Comme eux, il était contraint d'accomplir de lourdes tâches, sous la surveillance de gardes qui n'hésitaient pas à les frapper.

Plusieurs années s'écoulèrent. Le garçon avait grandi et était devenu un beau jeune homme. Sa condition d'esclave lui pesait et il songeait de plus en plus souvent à s'enfuir. Il avait même imaginé un plan d'évasion et il attendait le moment propice pour le mettre à exécution. Mais il n'eut pas à le faire, car le sort en avait décidé autrement.

un esclave :
une personne privée de liberté qui appartient à un maître

un propriétaire terrien :
une personne qui possède beaucoup de terres à cultiver

une personne d'âge mûr :
un adulte ayant atteint une quarantaine d'années

contraint :
obligé

peser :
être difficile à supporter

propice :
le plus favorable possible

un sillon : longue fente faite dans la terre lorsque l'on laboure

d'un œil distrait : sans faire véritablement attention

faire halte : s'arrêter

une tunique : une ample chemise

renoncer : abandonner l'idée

Un jour où il labourait un champ et s'appliquait à creuser de longs sillons parallèles, il aperçut un pois chiche entre deux mottes de terre.

Ce pois chiche appartenait à son maître. Le garde de service, qui le surveillait d'un œil distrait, avait fini par s'assoupir sous le figuier où il se reposait. Le jeune homme en profita pour faire halte avec sa charrue et il ramassa le pois chiche. Il le frotta contre sa tunique pour le nettoyer avant de le mettre dans sa bouche. Il s'apprêtait à le croquer quand le pois chiche s'écria :

– Renonce à me manger et tu n'auras pas à le regretter, car je saurai te récompenser.

– Que pourrait bien faire pour moi un petit pois chiche comme toi ? s'étonna l'esclave.

– Tout simplement ton bonheur, puisque j'ai le pouvoir de satisfaire tous les souhaits que tu formuleras.

Un sourire illumina le visage du jeune homme.

– Eh bien, dit-il, je voudrais devenir propriétaire de la magnifique demeure de mon maître et être transporté avec elle dans la ville où je suis né.

Aussitôt, son souhait se réalisa.

La maison se trouvait maintenant dans un vaste jardin qui dominait la mer. Le jeune homme mit le pois chiche magique dans un tiroir et sortit.

La ville n'avait pas beaucoup changé. Il prit la direction du quartier où il avait toujours vécu avant de devenir esclave. Il espérait y retrouver ses parents. Mais, en chemin, il croisa un ancien voisin qui lui annonça leur disparition, survenue quelques mois plus tôt. Il se demanda si le pois chiche avait le pouvoir de les ressusciter. Mais il préféra renoncer à solliciter son aide, car il était croyant. Rien ni personne ne pouvait aller à l'encontre de la volonté d'Allah.

leur disparition : leur mort

ressusciter : revenir de la mort à la vie

Allah : Dieu unique des musulmans

Durant ce temps, le riche propriétaire terrien cherchait son pois chiche magique. « Où ai-je bien pu le perdre ? » se demandait-il en parcourant son domaine, le regard rivé sur le sol. Il finit par abandonner ses recherches en se disant qu'il les poursuivrait le lendemain.

rivé : fixant attentivement

La perte du pois chiche magique l'avait tellement perturbé qu'il passa plusieurs fois devant l'endroit où était censée se trouver sa demeure, avant de s'apercevoir avec effroi qu'elle avait disparu.

– J'ai vu s'envoler votre maison avec le jeune esclave accoudé à une des fenêtres, l'informa son régisseur.

être perturbé : être troublé, ne plus savoir où l'on en est

effroi : stupeur

un régisseur : une personne chargée de gérer un domaine agricole

Le maître comprit alors que son esclave avait trouvé le pois chiche magique. « Je suis sûr qu'il est retourné dans son pays et je vais tout faire pour le retrouver », se dit-il.

Quelques semaines plus tard, déguisé en marchand ambulant, il embarqua sur un navire en partance pour le pays d'où venait son esclave. Arrivé à destination, il se logea dans un fondouk, avant de parcourir la ville à la recherche de la maison que lui avait volée le jeune homme. Il finit par la retrouver. Il s'approcha de l'imposante porte d'entrée en bois de cèdre décorée de gros clous, souleva la main de cuivre qui étincelait au soleil et frappa trois grands coups.
Le jeune homme était sorti. Comme il venait d'épouser une jolie femme, c'est elle qui ouvrit. Elle regarda longuement les différents articles que proposait le marchand. Elle choisit des rubans brodés d'or et demanda leur prix.
– Je viens d'un pays où tout se paie avec des pois chiches, expliqua le marchand.
– Avec des pois chiches ! s'étonna la jeune femme. Mais je n'en ai pas et je veux ces rubans.

un marchand ambulant :
un marchand qui se déplace de ville en ville

un fondouk :
au Maghreb, une auberge où les marchands font étape

étinceler :
briller avec éclat

– Un seul suffira, même un tout petit, vieux et sec.
– Je me souviens en avoir aperçu un au fond d'un tiroir où mon mari conserve de petits objets inutiles. S'il vous suffit, je paierai avec lui.

Elle alla le chercher et le remit au marchand. Il la remercia et s'éloigna rapidement. « J'ai enfin retrouvé mon bien le plus précieux », se dit-il satisfait avant de dissimuler le pois chiche sous sa langue. Puis il formula un souhait.
– Je voudrais retourner dans mon pays avec ma maison et la jeune femme qui y habite.
Il obtint aussitôt satisfaction. Après avoir abandonné son costume de marchand ambulant et revêtu de jolis vêtements, il s'adressa à la jeune femme qui ne comprenait pas ce qui venait de lui arriver.
– Ton mari n'est qu'un voleur, lui lança-t-il. Sache qu'il a été longtemps mon esclave. C'est grâce au pois chiche magique qu'il m'avait volé et que tu m'as naïvement rendu qu'il avait pu s'approprier ma maison.
– Toi qui m'as enlevée, tu es aussi un voleur, rétorqua la jeune femme. J'aime mon mari et, quoi que tu fasses, je lui resterai fidèle.

dissimuler : cacher

naïvement : de manière innocente

rétorquer : répondre vivement

Quand le jeune homme rentra chez lui, il eut la désagréable surprise de ne retrouver ni sa maison ni son épouse. Des voisins lui racontèrent qu'un marchand ambulant, qui se faisait payer avec des pois chiches, avait parlé avec sa femme peu avant la disparition de la maison. Le malheureux comprit ce qui s'était passé et un profond désespoir l'envahit. Il croyait avoir tout perdu. Mais dans le jardin où ne subsistait aucune trace de la maison, se trouvaient encore son chien, son chat et un pigeon apprivoisé. Il les caressa en regardant la mer et quelques larmes perlèrent sur ses joues. Le chien, le chat et le pigeon furent émus par la tristesse de leur maître.

envahir : s'emparer de lui

subsister : rester

perler : rouler

– Peut-être pouvons-nous t'aider à retrouver ton épouse ? proposa l'oiseau.
Le jeune homme sourit.
– Je pense qu'elle se trouve de l'autre côté de la mer, dit-il avant de parler du pois chiche magique qu'il devait récupérer s'il voulait bénéficier de ses pouvoirs et surtout en priver celui qui avait enlevé sa bien-aimée.
Le pigeon fut chargé de recueillir des renseignements. Il s'envola et traversa la mer. Arrivé sur l'autre rive, il mit plusieurs jours avant de repérer la maison. Il attendit que la jeune femme se trouvât seule sur une des terrasses pour s'y poser et lui parler.
– Je viens de la part de ton époux, dit l'oiseau. Il est inquiet pour toi et veut te ramener auprès de lui. Pour y parvenir, il a besoin de savoir où est caché le pois chiche magique.
– L'homme qui m'a enlevée le garde sous sa langue.
Une fois rentré, le pigeon raconta ce qu'il avait appris.
– Si je pouvais aller là-bas, déclara le chat, j'aurais vite fait de récupérer le pois chiche.
– Qui t'en empêche ? demanda le chien.
– Je n'ai pas d'ailes comme le pigeon et je crains trop l'eau pour nager aussi longtemps.

– Tu vas monter sur mon dos et c'est moi qui nagerai, proposa le chien.

C'est ce qu'ils firent. Une fois la mer traversée, le chat pénétra par une fenêtre dans la demeure où était retenue la jeune femme. Il constata qu'en son absence les souris s'étaient rapidement multipliées. Il attendit la nuit, caché sous un sofa, et dès que tout le monde fut couché, il se mit à chasser. Il tua un grand nombre de souris et les abandonna sur place sans en dévorer une seule. Son comportement intrigua les rongeurs. Une souris, un peu plus courageuse que les autres, osa s'approcher de lui.
– Tu n'as pas l'air de chasser pour manger mais juste pour semer la terreur, lui dit-elle.
– Je suis décidé à toutes vous massacrer si vous ne me livrez pas le pois chiche que le maître de cette maison cache sous sa langue, menaça-t-il.
– Tu ne veux rien d'autre ? s'enquit la souris.
– Non.
– Tu t'engages à nous laisser vivre en paix si nous te rapportons ce que tu demandes ?

Le chat acquiesça.

retenue : emprisonnée

constater : observer, se rendre compte

un sofa : au Maghreb, estrade élevée couverte de tapis, de coussins, constituant un siège d'honneur

intriguer : rendre perplexe, curieux

s'enquérir : chercher à obtenir des renseignements

s'engager : faire la promesse

acquiescer : accepter la proposition

La souris rejoignit ses congénères et les informa. La plus rusée d'entre elles fut désignée pour effectuer la mission. Elle se rendit à la cuisine et plongea sa queue dans un grand pot de poivre gris. Puis elle s'engagea dans le long couloir menant à la chambre où dormait celui qui détenait le pois chiche. Elle se déplaça avec précaution afin de ne pas perdre trop de poivre en chemin. Elle pénétra sans bruit dans la pièce, grimpa sur le lit, s'approcha du visage du dormeur et passa sa queue sous son nez. L'homme éternua plusieurs fois avant de cracher le pois chiche, qui roula sur le sol en marbre.

ses congénères : ses semblables, les autres souris

détenir : posséder

La souris bondit, le récupéra et alla le remettre au chat. Sans prendre le temps de la remercier, ce dernier courut rejoindre le chien, qui l'attendait sur le rivage.
– Tu as réussi à récupérer le pois chiche magique ? demanda-t-il.
– Bien sûr ! s'exclama le chat en le lui tendant.

Le chien le mit dans sa gueule pendant que son compère montait sur son dos. Ils entamèrent aussitôt la traversée en sens inverse. Ils étaient pratiquement arrivés, quand le chien, apercevant soudain sur l'eau son propre reflet, crut qu'un

un compère : un compagnon

entamer : commencer

de ses semblables s'apprêtait à l'attaquer. Il ouvrit la gueule pour se défendre et le pois chiche tomba dans l'eau. Un poisson le vit et s'empressa de le happer. Le chat bondit. Il planta ses griffes dans la chair du poisson, qu'il retint prisonnier entre ses pattes avant. Sans celles-ci, il lui était impossible de nager et il se mit à couler. Le chien s'en rendit compte. Il plongea, saisit son compère par la peau du cou et le ramena à la surface. Il nagea ensuite en le maintenant hors de l'eau et parvint à le déposer sur le rivage sablonneux. Ils prirent le temps de se sécher avant d'apporter le poisson à leur maître qui les attendait en compagnie du pigeon.

s'empresser : se dépêcher

happer : attraper rapidement pour le manger

parvenir : réussir

– Avez-vous réussi ? demanda le jeune homme.
– Oui !
– Mais où est donc le pois chiche magique ?
– Il a été avalé par ce poisson, expliquèrent-ils en le lui remettant.

Le jeune homme lui ouvrit le ventre et récupéra le pois chiche. Il l'essuya en le frottant contre sa tunique, avant de formuler son souhait.
– Fais revenir mon épouse bien-aimée et construis-nous une demeure encore plus belle que celle de mon ancien maître.

Il obtint aussitôt ce qu'il demandait. Il prit soin de cacher le pois chiche magique dans un endroit connu de lui seul et il vécut heureux le reste de ses jours.

Tony Barton

Chafik, le marin

traduit de l'anglais par Martine Delattre

Illustré par Arno Celerier

Le premier voyage

Dans l'un des grands ports de notre pays, vivait un marchand prospère. Dans sa jeunesse, alors qu'il était dépourvu d'argent et d'éducation, il avait travaillé dur et, ce faisant, avait amassé suffisamment d'argent pour armer un petit bateau. Il avait rempli ce bateau de toutes sortes de marchandises et s'était embarqué pour aller les vendre ailleurs. Il avait choisi ses marchandises avec sagesse et les vendit avec profit.

Avec cet argent, il avait acheté un plus gros bateau, des marchandises plus nombreuses qu'il avait vendues avec encore plus de profit. À chacun de ses retours, il était un peu plus riche. Il eut bientôt deux bateaux, puis trois. Il devint très riche et célèbre dans toute la ville pour son sens du commerce. Il n'avait qu'un défaut : il avait un caractère plutôt emporté.

prospère : riche

être dépourvu : ne pas avoir

amasser : accumuler

armer un navire : le préparer avec tout ce qui est nécessaire et former un équipage

avec profit : en faisant d'importants bénéfices

avoir un caractère emporté : se mettre facilement en colère

Ce marchand avait aussi un fils très beau, appelé Chafik. Son plus cher désir était qu'il reprît l'affaire familiale. Mais, comme il était riche à présent, il pouvait se permettre de donner à Chafik une solide éducation. Lui-même n'avait jamais eu le temps d'aller à l'école.
Chafik passa donc sa jeunesse à étudier avec d'excellents professeurs et à apprendre les mystères de ce monde. C'était un garçon intelligent et ses études lui profitèrent.

Son père prit soin de ne pas lui encombrer l'esprit avec ses affaires jusqu'à ce qu'il atteignît ses vingt et un ans. Alors, il le fit appeler et lui dit :
– Chafik, mon fils, tu as fait de bonnes études et je suis content de toi. Maintenant que tu es si savant, tu dois être capable de surpasser tout le monde en habileté. Je suis certain que tu vas te débrouiller dans la vie mieux encore que ton pauvre père.
Chafik, qui était un garçon modeste et gentil et qui aimait son père, lui répondit :
– Père, crois bien que je ferai de mon mieux, mais tout le monde sait quel bon marchand tu es. Il faudrait que je fasse des prodiges pour te surpasser.

surpasser : dépasser

modeste : qui ne se vante pas, timide

un prodige : un exploit, une chose extraordinaire

Le père de Chafik fut ravi de cette réponse et ajouta :

– Chafik, il te faut maintenant apprendre à mener nos affaires. Tu connais peut-être la lune et les étoiles, tu sais tout sur les pays lointains et tu as emmagasiné toute la sagesse que nos ancêtres ont consignée dans leurs livres.

emmagasiné : appris, mémorisé

consigné : déposé

Il sourit à son fils et, mettant la main sur son épaule pour montrer qu'il ne disait pas cela méchamment, il poursuivit :

– Mais je doute que tu puisses vendre de l'eau dans le désert ou du sel à un cuisinier. Il faudra que tu commences au commencement. Je vais armer un navire pour toi, le remplir de marchandises et tu partiras pour les vendre. Nous verrons comment tu te débrouilleras.

On prépara le navire et toutes sortes de marchandises furent transportées à bord, toutes de la meilleure qualité et de la variété la plus tentante pour attirer les acheteurs.

Le marchand vint alors faire ses adieux à son fils sur le quai. Chafik, très excité, était certain de devenir riche. Mais son père, tout en agitant son mouchoir et en regardant le bateau s'amenuiser à l'horizon, avait des doutes. « Mon pauvre Chafik, se murmurait-il, c'est un bon garçon, honnête et intelligent. Mais il ne pourrait

s'amenuiser : disparaître peu à peu

pas vendre une lime à un prisonnier. Allah, Allah, ô mon Dieu, ai-je fait ce qu'il fallait ? » Mais il était trop tard à présent. Lorsqu'il regarda à nouveau la mer, le bateau avait disparu.

Pendant plusieurs jours, Chafik navigua sur les eaux bleues, observant tout ce qui se passait avec le plus grand intérêt et le plus grand enthousiasme. Des poissons volants vinrent atterrir sur le pont et il se souvint de ce que son professeur avait dit sur ces curieuses créatures. Quand ils passèrent devant des îles, il nota le genre d'arbres qui y poussaient et la manière dont les gens construisaient leurs bateaux.

Un jour, ils aperçurent un autre navire qui voguait vers eux. Tandis qu'il s'approchait, Chafik entendit des cris et des gémissements de douleur. Il ordonna à son équipage d'accoster l'autre bateau et cria au capitaine :

voguer : naviguer

accoster : venir se mettre bord à bord

– Avez-vous des ennuis ? Pouvons-nous vous aider ?

Le capitaine monta sur le pont et répondit :

– Non, merci. Tout va bien. Ce que vous entendez, ce sont les esclaves que nous transportons.

– Des esclaves ? dit Chafik. Que faites-vous avec des esclaves ?

– Je vais les vendre, répondit le capitaine.
– Puis-je les voir ? demanda Chafik.
Le capitaine répondit que, bien sûr, il pouvait les voir et l'invita à monter à bord. Chafik se fit donc transporter à bord de l'autre bateau si étrange. Le capitaine lui fit visiter le navire et Chafik fut bien malheureux de voir les pauvres esclaves enchaînés, le dos zébré de coups de fouet. Certains lui jetèrent des regards si pitoyables qu'il dit à son hôte :
– Tu dis que tu veux les vendre ? Combien en veux-tu ?
Le capitaine l'observa un moment et rétorqua :
– Combien en offres-tu ?
– Mon bateau est rempli de marchandises, dit Chafik, qui pensait : « Que sont quelques tapis et quelques casseroles de cuivre à côté du bonheur de ces gens qui souffrent ? »
– Eh bien, si nous faisions l'échange ? offrit le rusé capitaine, en évaluant du coin de l'œil le beau bateau que le père de Chafik avait armé pour lui.
« La cargaison avait certainement plus de valeur que tous ses esclaves », pensait-il.
– Très bien, dit Chafik, mourant d'envie que ses marins fissent sauter les chaînes qui enserraient les jambes des esclaves.

zébré :
marqué de lignes

pitoyable :
qui fait pitié, qui émeut

un hôte :
une personne qui accueille chez lui une autre personne

rétorquer :
répondre vivement

en évaluant :
en soupesant la valeur

une cargaison :
les marchandises que contient un bateau

Ainsi, ils échangèrent leur cargaison et le capitaine se hâta de faire voile, dès qu'il trouva un vent favorable.
Chafik libéra tous les esclaves et, le cœur content, les regarda se dégourdir les jambes sur le pont. Quand il apprit d'où chacun venait, il résolut de les ramener chez eux.

Le voyage fut long. Il fallut aller de port en port déposer chaque esclave dans son pays. Enfin, lorsque tous eurent regagné leur ville natale, il ne resta plus qu'une jeune fille et sa nourrice. La jeune fille était très belle et Chafik eut pitié d'elle. Elle lui avoua qu'elle n'avait plus de patrie et qu'elle aimerait aller avec lui dans son pays pour voir si elle ne trouverait pas à s'employer, elle et sa vieille nourrice. Chafik accepta aussitôt.

natal : où une personne est née

une patrie : un endroit pour vivre

s'employer : trouver un emploi

Pendant le voyage du retour, Chafik, se sentant de plus en plus attiré par la jeune fille, lui dit :
– Pourquoi chercherais-tu un travail ? Épouse-moi plutôt.
La jeune fille acquiesça et le jeune couple fut très heureux.

Pendant ce temps-là, le père de Chafik s'inquiétait beaucoup de son fils et de son bateau. Selon ses calculs, ils auraient dû être de retour depuis longtemps. Il craignait qu'ils n'eussent essuyé une tempête. Tous les jours, il descendait sur les quais et scrutait l'horizon, à la recherche d'une voile. Toutes celles qui apparaissaient, il les examinait avec attention jusqu'à ce qu'il fût certain que ce n'était pas la sienne.

essuyer une tempête : être pris au milieu d'une tempête

scruter : observer attentivement pour apercevoir quelque chose

Enfin, le bateau de Chafik entra dans le port. Le père pouvait voir, à l'état du bateau autrefois neuf, qu'il avait dû faire un long voyage. Il espérait que cela voulait dire que tout était vendu et que son fils était à présent un homme riche. Mais Chafik sauta sur le quai, vêtu d'une robe déchirée et sale. Il était aussi amaigri.
Son père, d'un seul coup d'œil, vit tout cela mais tendit les bras pour l'accueillir.

– Mon cher fils, enfin de retour ! Raconte-moi, raconte-moi tout. Mais pourquoi es-tu si pauvrement habillé et si maigre ?
– Père, dit Chafik. J'ai de bonnes et de mauvaises nouvelles. Par lesquelles dois-je commencer ?
Le marchand, inquiet, porta la main à son cœur et dit, craignant le pire :
– Les mauvaises, mon fils, les mauvaises d'abord.
Alors, Chafik expliqua l'histoire des esclaves et l'échange qu'il avait fait avec le capitaine. Ils avaient dû, lui et ses marins, donner leurs vêtements de rechange aux esclaves.
La prolongation du voyage et la multiplication des bouches à nourrir avaient si fortement entamé leurs provisions que la nourriture s'était faite rare ces derniers jours.

les bouches : les personnes

– Mais père, expliqua Chafik d'un ton suppliant, si tu avais vu ces pauvres gens, tu aurais fait la même chose.
Son père le regarda, sans voix. Puis, après un long silence, il dit :
– Et les marchandises que je t'avais confiées, tu les as toutes données ? (Chafik hocha la tête.) Pas un seul dirham en échange ?
Chafik secoua la tête.

hocher la tête : secouer la tête de haut en bas pour répondre affirmativement

un dirham : monnaie utilisée par les pays arabes du pourtour méditerranéen

– Espèce de nigaud ! éclata le vieux marchand, perdant patience. Espèce de grand nigaud à la cervelle étroite ! Moi, j'aurais fait la même chose ! Misérable déchet, comment oses-tu dire cela ? Tu n'as pas plus de tête qu'un oiseau ! Je savais bien que tu serais incapable de vendre une plume à un poulet déplumé !

Il s'interrompit pour reprendre son souffle, puis dit, avec un petit espoir :

– Tu n'as rien ramené, absolument rien ?

– Eh bien, dit Chafik un peu plus gai, voilà justement les bonnes nouvelles. Je te présente ma future femme.

Et il se tourna pour appeler la jeune fille qui, pendant l'échange de paroles, était restée à attendre sur le bateau. Malgré le terrible choc qu'il venait de subir en entendant l'aventure de son fils, le vieux marchand ne put s'empêcher d'être charmé par la beauté et la gentillesse de la jeune fille. Il se calma un peu et la salua avec des mots aimables.

Ils allèrent tous à la maison pour se rafraîchir et se reposer. Mais le père déclara :

– Jamais plus ! Plus de bateau ni de commerce pour toi, mon garçon. Tu n'es qu'une écorce d'orange vide !

un nigaud : un idiot

ne pas avoir plus de tête qu'un oiseau : ne pas savoir réfléchir, être stupide

rester perplexe : ne pas savoir que faire

Chafik et la jeune fille se marièrent et furent très heureux ensemble. Le marchand, ne sachant que faire de son fils, restait perplexe. Plus il y pensait et plus il avait envie de lui pardonner. « Après tout, se disait-il, il est jeune. Il est bon d'avoir pitié des gens quand on est jeune. Peut-être n'a-t-il pas si mal fait. Il apprendra. » Finalement, il pardonna à Chafik et décida de lui donner une seconde chance.

Le deuxième voyage

Un nouveau navire fut bientôt prêt. Des marchandises, parmi les meilleures, furent placées dedans. Pour la deuxième fois, le père vint faire ses adieux à son fils.

– Cette fois, dit-il, garde-toi de t'approcher des autres navires. Fais en sorte d'aborder dans un riche port, où tu pourras vendre tout au meilleur prix. Ne t'inquiète pas pour ta femme, nous nous occuperons d'elle.

Tandis qu'il agitait son mouchoir et que le bateau s'éloignait, il marmonna tout seul : « Allah, j'espère que j'ai bien fait de lui avoir donné une seconde chance. Comme tu es bon et généreux envers les vrais croyants il est peut-être honorable que Chafik se montre bon et généreux aussi. Allah, tu le protégeras, j'en suis certain, et tu récompenseras le vieil homme que je suis. »

marmonner : parler entre ses dents

Cette fois, il n'en dit pas plus à Allah, mais il pensa en lui-même :

« L'imbécile ne pourrait pas vendre un froncement de sourcils à un collecteur d'impôts ! »

Chafik et son fidèle équipage voguèrent longtemps sur les eaux bleues, croisant de nombreux navires sur leur chemin. Mais Chafik avait honte d'avoir perdu tout l'argent de son bon père lors du premier voyage et respecta scrupuleusement ses recommandations : il n'en héla aucun. Enfin, ils arrivèrent dans une grande ville, de l'autre côté de la mer. Chafik donna l'ordre à ses hommes d'entrer dans le port et se réjouit de pouvoir bientôt vendre ses marchandises.

scrupuleusement : parfaitement, à la lettre

héler : appeler de loin

Mais quand ils eurent amarré le bateau au quai, ils ne virent personne alentour. Ils entrèrent dans la ville et virent alors une foule de pauvres gens que des soldats entraînaient en les menaçant de leurs bâtons et de leurs fouets. Les enfants couraient à côté en pleurant.

amarrer : maintenir un bateau à quai avec des cordages

Chafik eut quelque difficulté à trouver une personne qui pût le renseigner. On lui répondit qu'il s'agissait de pauvres gens incapables de payer les lourds impôts qu'exigeait le Roi de ce pays.

– Est-ce tout ? Et pour cela, on les bat et on les emprisonne ? Quel homme cruel ce Roi doit-il être !

Il revint à son bateau, trouva quelques marchands du port et vendit toute sa cargaison. Puis, il retourna là où il avait vu les soldats et leur offrit de payer les impôts de ces pauvres gens. Les soldats pensèrent qu'il était fou mais prirent l'argent et libérèrent leurs prisonniers.

Le bateau était vide à présent et Chafik n'avait plus rien d'autre à faire que de rentrer chez lui. Il sentait bien qu'il avait failli à sa tâche une seconde fois.

faillir : ne pas avoir accompli

Quand Chafik et ses marins descendirent sur le quai et racontèrent l'histoire au vieux marchand, ce dernier ne put en croire ses oreilles. Cette fois, ils possédaient encore leurs vêtements et il leur restait quelques provisions. Aussi le vieil homme pensa-t-il que Chafik lui faisait une farce.

une farce : une plaisanterie

– Ha ! ha ! Tu veux te moquer de ton vieux père, fils sans cœur ! En vérité, sept coffres remplis d'or sont rangés dans la soute, n'est-ce pas ? Ha ! ha ! quelle bonne plaisanterie ! Mais ne recommence pas. Encore un choc comme celui-là et je tombe raide mort. Maintenant, montre-moi ce bel or.

la soute : partie du bateau où l'on range les marchandises

Lorsqu'il découvrit que le bateau ne contenait que des coffres vides et que Chafik était loin de plaisanter, il entra dans une terrible rage.

– Espèce de stupide écervelé ! Crâne épais ! Benêt ! Qu'as-tu fait cette fois ? Non, ne me dis pas que tu as fait la même chose ! Je vais te pendre par les oreilles ! Oh ! dire qu'il faut que je vive pour voir de mes yeux mon fils se comporter comme un veau sans cervelle ! Tu ne saurais pas vendre une banane à un singe affamé ! Tu ne saurais pas… tu ne saurais pas…

écervelé : sans cervelle

La rage étouffait tant le vieil homme qu'il dut s'asseoir. Chafik était bien embarrassé. Enfin, son père lui dit, une fois sa rage passée :
– Jamais plus ! Et cette fois, c'est pour de bon. C'est plus que je ne peux endurer. Hors de ma maison, toi et ta femme ! Je ne veux plus jamais vous voir.
Le pauvre Chafik et sa femme, chassés de la maison paternelle, se réfugièrent chez un ami charitable.

endurer : supporter

charitable : généreux

Cet ami connaissait bien le vieux marchand. Il savait que ses colères étaient terribles mais qu'elles ne duraient pas longtemps. Il conseilla à Chafik :

– Ne fais rien. Reste ici un moment, et bientôt, j'irai trouver ton père pour voir s'il te donne une autre chance.

Le troisième voyage

Un peu plus tard, en effet, l'homme alla parler au père qui oublia sa colère et accepta d'armer un troisième bateau. Mais cette fois, il voulut s'assurer que le jeune homme exécuterait bien ses instructions. Il fit peindre un très joli portrait de la femme de Chafik et l'accrocha dans sa cabine. Quand il vint lui faire ses adieux, il lui donna sa bénédiction et lui dit :
– Maintenant, écoute. Voici le portrait de ta femme. Regarde-le tous les jours et dis-toi bien que si tu ne reviens pas avec de l'or en échange des marchandises, cette fois, c'est elle qui en pâtira. Ne te préoccupe ni d'esclaves ni de gens qui ne peuvent payer leurs impôts. Pense à ta femme et à ce qu'elle souffrira.
Chafik promit fidèlement qu'il regarderait le portrait de sa femme chaque jour et qu'il se montrerait très, très prudent, cette fois. On mit les voiles, et le bateau s'éloigna une fois de plus.
Le père marmonna : « Ô Allah miséricordieux, cette fois, il a appris sa leçon ; cette fois, il réussira. Je suis certain que si je pense qu'il ne pourrait pas vendre une corde à un homme sur le point de se noyer, tu vas me donner la preuve que j'ai tort. »

en pâtir : en supporter les conséquences

Chafik suivit une nouvelle route et, après un long voyage, aborda dans un port sur lequel régnait un grand Empereur de ces temps-là. Il n'osa pas entrer dans la ville de peur d'apercevoir quelque chose qui le distrairait de ses affaires, comme c'était déjà arrivé.

distraire : détourner

Aussi, penché par-dessus la rambarde du navire, se contenta-t-il de héler les marchands sur le quai, pour les inviter à venir acheter ses marchandises.

une rambarde : la rampe d'un navire

Quelques instants plus tard, un homme richement vêtu monta à bord et inspecta les tapis

bariolés, les soieries et toutes les choses que le père de Chafik lui avait données à vendre. Il acheta en grande quantité et Chafik fut très content d'avoir enfin rempli son devoir. Ils se rendirent dans la cabine de Chafik pour conclure le marché. Le riche seigneur aperçut alors le portrait de l'épouse de Chafik. Après l'avoir étudié un moment, il demanda :

– Dis-moi, qui est cette femme ?

– C'est mon épouse, répondit fièrement Chafik.

– Le portrait est-il très ressemblant ? insista l'acheteur.

bariolé : de toutes les couleurs

– Très ressemblant. Pourquoi ?
– Parce qu'elle ressemble à… une femme de ma connaissance. Attends ici, mon ami, je reviens.
L'homme partit, laissant Chafik s'interroger sur ce nouveau mystère. Mais bientôt, une troupe de cavaliers remplit le quai, escortant non seulement le marchand mais l'Empereur lui-même.

escorter : accompagner quelqu'un pour le protéger

Ce dernier étant monté à bord, on le mena dans la cabine de Chafik pour voir le portrait. Dès que ses yeux se posèrent dessus, il pâlit. Il souriait, regardait le portrait avec étonnement, souriait encore. Enfin, il dit à Chafik :
– Jeune homme, ce portrait est celui de ma fille. Je l'ai renvoyée, il y a de longs mois, parce qu'elle m'avait désobéi. Mais je lui ai pardonné depuis longtemps et je m'inquiétais de savoir où elle se trouvait. Maintenant, il semble qu'elle est devenue ta femme ?
– C'est la vérité, Majesté, dit Chafik.
Et il raconta à l'Empereur comment il l'avait sauvée d'entre les mains du marchand d'esclaves.
L'Empereur fut enchanté d'apprendre qu'elle était en sécurité et demanda à Chafik d'aller la chercher et de la ramener, elle et aussi la propre

famille de Chafik, pour qu'ils vivent tous heureux ensemble.
Comme vous pouvez l'imaginer, Chafik ne perdit pas de temps et fit voile vers son pays. Longs lui semblèrent les jours, avant d'arriver en vue du port où son père l'attendait.

Cette fois, le vieil homme n'eut pas sujet à se plaindre. Et, quelques jours plus tard, toute la famille s'embarqua pour le voyage.
Or, l'Empereur avait envoyé un de ses ministres avec Chafik pour accompagner sa fille unique pendant son retour dans sa véritable patrie. Cet homme avait longuement réfléchi à ce que l'arrivée de Chafik dans le royaume allait provoquer, et il était devenu très jaloux de lui. Il résolut de tout mettre en œuvre pour que Chafik ne parvînt jamais à la cour de l'Empereur.

la cour : l'entourage proche d'un roi ou d'un empereur

Aussi, lors d'une nuit particulièrement noire, il attendit le moment propice et poussa Chafik par-dessus bord.
Personne n'entendit appeler à l'aide et, le matin, lorsqu'on découvrit la disparition de Chafik, tout le monde se mit à pleurer. On fit demi-tour et on le chercha pendant des heures. Mais, à la fin, il fallut bien abandonner les recherches et aller annoncer à l'Empereur les terribles nouvelles.

jusqu'à épuisement de ses forces : jusqu'à ce qu'il n'ait plus du tout de force

hisser : s'élever avec effort

recouvrir : récupérer

Pendant ce temps-là, Chafik se débattait pour sauver sa vie. Il nagea et nagea jusqu'à épuisement de ses forces. Mais il aperçut soudain un rocher solitaire. Il réussit à se hisser hors de l'eau et trouva un endroit pour se reposer. Mais quand il eut recouvré suffisamment ses forces pour explorer la petite île, il découvrit qu'elle était complètement déserte. Aucune plante n'y poussait. Il n'y avait pas non plus d'autre terre en vue. Chafik comprit alors qu'il n'était pas sauvé pour autant. Il allait mourir de faim.

Plusieurs jours s'écoulèrent et Chafik s'affaiblissait. Le troisième jour, pourtant, un petit bateau apparut à l'horizon et Chafik agita

la stupéfaction : un très grand étonnement

les bras jusqu'à ce que le marin l'aperçût et dirigeât sa barque vers le rocher. C'était un vieux pêcheur, qui considéra Chafik avec la plus grande stupéfaction et lui demanda comment il avait échoué là. Chafik expliqua comment il avait failli se noyer et lui raconta la jalousie du ministre.

Le pêcheur réalisa que Chafik était un personnage important. Il lui dit :

– Je ne suis qu'un pauvre pêcheur. Que me donneras-tu si je te sauve ?

Désespéré, Chafik lui répondit :

– Tout ce que tu veux, tout ce que tu veux.

– Très bien, dit alors le pêcheur, promets-moi de me donner la moitié de tout ce que tu recevras à l'avenir.

Chafik le lui promit et monta dans la barque. Ils firent un long et fatigant voyage avant d'aborder dans le royaume de l'Empereur.

Grande fut sa joie lorsqu'il retrouva sa femme et son père. Le vieil homme embrassa son fils en marmonnant :

« Ce n'est pas un si grand nigaud après tout. »

– Comment es-tu tombé à l'eau ? demanda sa femme.

Chafik expliqua qu'il avait été poussé par le ministre.

– Mais, dit-il d'une voix sincère, je ne veux pas qu'on le punisse.

– Quoi ! s'exclama le vieux père, commençant à perdre son calme. Ne pas punir un homme aussi dangereux ! Mais tu n'es qu'un simple d'esprit, un radoteur ! Tu dois avoir un croûton rassis à la place du cerveau !

– Non, dit Chafik, le malheureux croyait que j'allais prendre sa place au palais de l'Empereur. Je ne le blâme pas de s'être montré jaloux.

– Mais, par Allah, il a failli te noyer ! Telle était son intention en tout cas. Faut-il que j'aie un fils aussi godiche ! D'abord, il échange mes trésors contre quelques misérables esclaves. Puis, il s'agit de paysans qui ne peuvent pas payer leurs impôts ! Et à présent, il pardonne à un meurtrier ! Que va-t-il faire d'autre ?

– Tu as oublié que l'une de ces misérables esclaves était la fille d'un Empereur ! dit Chafik,

un radoteur
quelqu'un qui dit des choses insensées

blâmer :
faire des reproches

godiche :
maladroit, empoté *(langage familier)*

en outre : de plus

la miséricorde : le pardon

une vertu : une qualité

en riant. En outre, poursuivit-il, la miséricorde est une grande vertu. Tu me l'as enseigné, n'est-ce pas ? Tu m'as bien pardonné par deux fois, n'est-il pas vrai ?

Le père pour une fois n'avait rien à redire à ces paroles.

L'Empereur, lui aussi, pensait que la miséricorde était une vertu. Lorsque sa fille lui raconta toute l'histoire, il dit :

– Ton mari est un homme sage et bon. Il est digne de me succéder sur le trône.

Le père de Chafik se calma très vite, comme à

l'habitude, et ils vécurent tous heureux dans ce royaume pendant de longues années.

Mais, finalement, l'Empereur mourut et Chafik lui succéda.
Tandis qu'il se présentait devant le peuple pour être proclamé Empereur, une voix s'éleva par-dessus les acclamations de la foule :
– Ô, Empereur Chafik ! Souviens-toi de la promesse que tu as faite au pauvre pêcheur !
Chafik reconnut alors le vieil homme qui l'avait sauvé du rocher désertique.

Le père de Chafik, tout courbé maintenant et les cheveux blanchis, s'avança d'un pas et s'écria :
– Qu'on l'emmène ! Gardes, saisissez-vous de lui ! Quelle insolence !

l'insolence : le fait de manquer de respect

Mais Chafik intervint :
– Non, qu'on le laisse approcher. Que t'avais-je donc promis, vieil homme ?
– Tu m'as promis la moitié de ce que tu aurais dans l'avenir.
– Pure folie ! cria le père. Empereur dégénéré ! Pie jacasse ! Cornichon !
Mais Chafik ne l'écouta pas. Il mena le pêcheur à son trésor et lui dit en souriant :
– Prends la moitié, vieil homme, je te l'ai promis et il y a là de l'or en abondance.
Et c'est ainsi que commença le règne de l'Empereur Chafik, l'un des meilleurs et des plus sages Empereurs que ce pays eût jamais connus.

Parfois, cependant, les visiteurs de la cour entendaient un vieil homme, vraiment très vieux, qui marmonnait tout en se promenant dans le palais : « Ne pourrait pas vendre une aiguille à un tailleur ! L'idiot ! Il ne pourrait même pas vendre un cercueil à un mort ! »

Henri Berger

L'oiseau doré et la sloughia

Illustré par Amandine Laprun

Hina était encore une petite fille quand on la destina à son cousin Hassan. Ils grandirent ensemble, et les enfants se changèrent en adolescents dont l'amour devenait chaque jour plus évident.

Un jour, Hassan fut chargé de porter des sacs de blé à un oncle habitant une région du sud. Pour s'y rendre, il fallait traverser de larges rivières et escalader de hautes montagnes, et le voyage serait très long.

Hassan recommanda à Hina de ne pas sortir de sa maison avant son retour. Et ce n'est que lorsqu'elle eut promis, qu'il s'éloigna du douar, suivi de sa fidèle sloughia.

Hina resta chez elle pendant bien longtemps.

Puis, un matin, des amies vinrent la chercher pour aller ramasser du bois. Elle s'apprêtait à refuser, mais sa mère insista. Elle devait les

destiner : avoir arrangé un futur mariage

le douar : au Maghreb, un groupe d'habitations réunissant des personnes appartenant à une même famille

la fidèle sloughia : nom de la chienne d'Hassan

s'apprêter à : aller

un kanoun : une poterie creuse utilisée comme brasero pour faire cuire des plats

du khôl : matière noire utilisée par les femmes pour se maquiller les yeux

un fagot : un tas de petites branches attachées ensemble pour les transporter

extravagant : surprenant par sa bizarrerie

un ghoul : un démon, dans les pays du Maghreb

tourner les talons : se retourner pour repartir

accompagner, car le feu s'éteignait dans les kanouns. Et la jeune fille sortit pour la première fois depuis le départ de son cousin Hassan.

Or, parmi les branches de bois mort qu'elle ramassait, Hina aperçut un bâton à khôl en argent et une broche à rôtir. Elle les prit et les plaça au milieu de son fagot.

Sur le chemin du village, Hina s'étonna de ne pouvoir suivre ses compagnes tant sa charge était devenue lourde. Elle interrompit sa marche, posa le fagot à terre et cria aux jeunes filles de prévenir sa mère de son retard.

Hina regardait ce fagot extravagant, quand elle découvrit que le bâtonnet de khôl s'était transformé en une barre d'argent sur laquelle reposait la broche à rôtir.

Puis, subitement, la lourde barre sembla prendre vie. Elle remua, s'agita et se transforma en ghoul.

Ce ghoul demanda à la jeune fille de devenir sa femme. Mais Hina, refusant d'un signe de tête, ramassa son fagot et tourna les talons.

– Hina ! s'écria le ghoul. Souviens-toi que je reviendrai t'enlever un soir qu'il ventera, qu'il tonnera et qu'il pleuvra !

Arrivée au village, la jeune fille raconta son aventure à sa mère qui la supplia de ne jamais en parler à Hassan.

Hina pleura beaucoup, en songeant qu'elle avait désobéi à son futur époux. Puis, elle oublia le ghoul et sa menace.
Pourtant, un soir qu'il ventait, qu'il tonnait et qu'il pleuvait, on frappa à la porte de la maison. La mère ouvrit au ghoul qui s'adressa à la jeune fille, cachée derrière sa nourrice.
– Je viens chercher ma broche à rôtir !
– Ma mère sait où elle se trouve. Elle va te la remettre ! répondit Hina, protégée par la nourrice.
– C'est toi qui as ramassé cette broche, c'est toi qui me la rendras ! répliqua le ghoul.
– Ma tante connaît l'endroit où elle fut trouvée. C'est elle qui te la rendra, assura Hina.
– Il n'y a que celle qui l'a ramassée qui pourra me la rendre ! répéta le ghoul.
– Ma sœur n'ignore pas plus que moi ce coin de la forêt où m'attendait la broche à rôtir ! dit encore Hina.
– Tu l'as ramassée, et tu me la rendras ! commanda le ghoul.
– La nourrice m'a nourrie de son lait, et ce que je fais, elle peut le faire, expliqua Hina. Elle se chargera elle-même de te rendre la broche à rôtir !
– Toi seule pourras me la rendre ! s'écria une dernière fois le ghoul.

Alors, la nourrice fit monter la jeune fille sur ses épaules, et de là, elle accepta de tendre la broche à rôtir au ghoul.
Mais le ghoul aveugla la nourrice de deux coups de broche et saisit Hina qui tombait de ses épaules.
Puis il s'envola en emportant l'imprudente avec lui.

Après l'avoir fait rechercher par tous les hommes du village, la mère de la jeune fille se résigna et s'occupa d'autre chose.

se résigner : accepter son sort

Cependant, quand elle fut prévenue du retour de Hassan qu'un berger avait rencontré à quelques lieues de là, elle se hâta de creuser un trou qu'elle remplit de cornes de chèvres, le combla et disposa une petite pierre sur son tertre.

se hâter : se dépêcher

combler : boucher

un tertre : un petit monticule, une butte de terre

Et lorsque le jeune homme frappa à sa porte, elle le reçut en s'arrachant les cheveux, et déclara que Hina était morte, Allah l'ayant décidé ainsi.

Chaque jour, Hassan, accompagné de sa sloughia, vint s'asseoir sur la pierre qui surmontait le tertre. Et là, il pleurait tant et tant, que son chagrin paraissait inconsolable.

surmonter : être placé au-dessus

Une petite fille, venue à cet endroit ramasser de l'herbe pour ses lapins, s'attrista grandement devant les pleurs du jeune homme.

les pleurs : les larmes

Elle s'approcha de lui et lui demanda ce qui le rendait si malheureux.

– C'est que sous cette terre est étendue ma bien-aimée ! répondit Hassan.

– Il n'y a pas de tombe ici ! affirma la petite fille. Seulement un trou dans lequel j'ai vu une femme enterrer des cornes de chèvres égorgées cet hiver !

égorgé : dont on a coupé la gorge pour les tuer

À ces mots, Hassan courut jusqu'à la maison de Hina et demanda à sa mère de lui préparer un plat de aassida. Quand elle le servit, il lui saisit la main et menaça de la plonger dans la soupe brûlante, si elle ne lui révélait pas le lieu où se trouvait sa fille, morte ou vive.

un plat de aassida : une soupe d'orge assez épaisse

Effrayée, la femme raconta tout ce qu'elle savait.

Alors, le jeune homme bondit sur son cheval et partit à la recherche de la disparue, toujours accompagné de sa fidèle sloughia.

Bientôt, ils arrivèrent en vue de la montagne verte.

– Montagne verte, pourquoi as-tu jauni ? s'étonna-t-il.

– C'est, dit-elle, que Hina est passée au-dessus de moi !

Ils chevauchèrent encore et arrivèrent à la montagne bleue.

– Montagne bleue, s'étonna-t-il. Pourquoi es-tu devenue rouge ?

– C'est, dit-elle, que Hina est passée au-dessus de moi !

Puis ils parvinrent à la montagne blanche.

– Montagne blanche, pourquoi es-tu devenue noire ? questionna encore le jeune homme.

– C’est, expliqua-t-elle, parce que Hina habite dans mes bois !

Hassan pénétra dans les bois. Un coq ayant chanté non loin d’eux, la sloughia renifla et fraya un chemin à travers les herbes sombres.

frayer : ouvrir

Ils le suivirent et aperçurent un coq presque aussi noir que la montagne.

– Ô coq, à qui appartiens-tu ? demanda Hassan.

– J’appartiens à Hina, la fiancée enlevée par le roi des ghouls ! répondit le coq.

Hassan descendit de son cheval et tendit les miettes de son repas au coq.

– À présent que nous sommes des amis, va me chercher Hina !

– Il est inutile d'attendre Hina, car elle ne viendra pas !
– Alors, dis-moi ce que fait Hina !
– Elle file la laine.
– Dérobe-lui un brin de laine, et elle te suivra pour le reprendre !
Le coq disparut entre les arbres et revint un moment plus tard avec un fil doré dans le bec. Et derrière le coq, apparut Hina tentant de retirer le fil d'or du bec du volatile.
Quand la jeune fille se trouva face à Hassan, sa joie fut pourtant de courte durée.
– Fuis sans te retourner ! s'écria-t-elle. Sinon, tu serviras de repas au roi des ghouls !

un volatile : un oiseau

Mais le jeune homme qui avait tant chevauché pour retrouver sa bien-aimée refusa de l'abandonner.

– Quitte cette sombre contrée pour revoir le soleil et ton village. Quant à moi, si tu ne veux pas me suivre, je refuserai de te quitter !

Ainsi, chacun d'eux suppliait-il l'autre, lorsque le coq chanta pour annoncer le retour du roi des ghouls.

Après avoir chassé le cheval et la sloughia dans le bois, Hina avait caché Hassan sous des peaux de bêtes.

Et maintenant, elle préparait un mets très épicé, aux fortes odeurs, afin d'abuser le ghoul.

Mais cela ne l'empêcha pas de flairer l'air, autour de lui, en maugréant :

– La chair de ce mouton a l'odeur d'un fils d'Adam !

Ce à quoi, Hina répondit :

– En effet, ce mouton doit avoir appartenu au troupeau d'un fils d'Adam ! Il n'en sera donc que meilleur !

Rassuré, le ghoul dévora le mouton et s'endormit. Et, ainsi que cela arrivait chaque fois qu'il s'endormait après avoir mangé, on entendit, venant de son ventre, les cris de tous les animaux qu'il avait avalés !

chevaucher : voyager à cheval

une contrée : une région

un mets : un plat

abuser : tromper

Le tigre rugit, le cheval hennit, le mouton bêla, le chien aboya, le chat miaula, la poule caqueta…

infernal : assourdissant

Et tandis que ce bruit infernal emplissait la caverne du ghoul, Hassan rejetait les peaux de bêtes et s'apprêtait à fuir avec sa bien-aimée retrouvée.

Le coq les aida une fois de plus. Il avait appartenu aux hommes, dans la vallée, et regrettait le lever du soleil qui ne réchauffait plus la montagne.

– Ne partez pas avant d'avoir enduit de henné chaque objet de la caverne, leur dit-il. Car, si vous ne le faites pas, ils vous trahiront en réveillant le ghoul qui sera prévenu de votre départ !

Hina pila aussitôt les feuilles de henné dont ils recouvrirent tous les objets.

Mais dans leur précipitation, ils oublièrent le mortier et le pilon qui avaient servi à préparer la poudre.

Si bien qu'à l'instant où ils franchissaient le seuil de la caverne, le pilon frappa fortement dans le mortier en criant :

– Hina s'est enfuie ! Hina s'est enfuie !

Pendant ce temps, Hassan avait appelé son cheval et prit Hina en croupe. Suivis de la sloughia, ils traversèrent la montagne noire qui, à leur passage, retrouva sa blancheur.

En parvenant à la montagne rouge qui déjà se teintait d'azur, ils entendirent les pas du roi des ghouls.

– Abandonne-moi ici ! supplia Hina. Sinon, il nous rattrapera et te tuera !

du henné : poudre colorante de couleur rougeâtre utilisée le plus souvent pour teindre les cheveux

un mortier : un gros bol utilisé en cuisine dans lequel on réduit en poudre les aliments

un pilon : un instrument qui sert à écraser les aliments dans le mortier

talonner : frapper les flancs d'un cheval à coups de talon pour le faire avancer plus vite

buter : heurter avec le pied

la plante : le dessous

Pour toute réponse, Hassan talonna davantage son coursier.

Alors, la sloughia se lança entre les jambes du cheval, et nos amis furent changés en buisson épineux.

Le ghoul buta contre ce buisson, et mille épines s'enfoncèrent dans la plante de ses pieds.

Il s'asseyait sur un rocher pour retirer ces épines, lorsque le cheval, la sloughia, Hassan et

Hina retrouvant leur forme première, s'élancèrent en direction de la montagne jaune. Cependant, les enjambées du ghoul étaient si longues qu'ils furent promptement rejoints. Voyant cela, la sloughia se lança de nouveau entre les jambes du cheval, et tous furent changés en plaques de sel qui se collèrent aux piqûres d'épines.

Mais comme il n'y avait pas d'eau sur la montagne jaune, et que le sel brûlait cruellement ses pieds ensanglantés, le roi des ghouls ralentit sa course et bientôt renonça à la poursuite.
Avant de lui tourner le dos, il cria à Hina :
– Je te perds, mais ne voulant pas que tu succombes à d'autres maléfices dont je ne pourrais tirer aucun profit, je te prie de m'écouter et d'agir suivant mes recommandations ! Tout d'abord, repoussez les fruits de l'abricotier qui vous les tendra. Ensuite, refusez de boire à la source qui vous vantera son eau. Enfin, bouchez-vous les oreilles pour ne pas entendre l'oiseau qui vous proposera le secours de son aile !
Hina promit.
Mais les pentes de la montagne desséchée verdoyaient à nouveau sous le galop de son cheval, et le terme de leurs mésaventures lui semblait si proche, que le jeune homme oublia les paroles du roi des ghouls.
Et lorsque l'abricotier tendit ses fruits, en disant :
– Le miel et le soleil couleront dans ton gosier, si tu me goûtes !
Hassan cueillit un abricot et mordit dedans.
Au même instant, ses pieds s'alourdirent comme s'ils étaient chargés de plomb !

succomber : être éprouvé par une nouvelle épreuve

un maléfice : une action magique

vanter : faire ressortir les qualités de quelqu'un ou quelque chose

le terme : la fin

une mésaventure : une aventure désagréable

Pesant sur son cheval, il arriva avec difficulté dans la vallée où une source lui proposa de son eau, affirmant :
– Elle est la plus pure et la plus fraîche ! Elle chassera la poussière du chemin qui est entrée dans ta bouche, et te rendra tes forces !
Hassan but l'eau de la source, et ses mains devinrent de pierre.
Trop lourd pour remonter sur son cheval, il eut encore la force de lever la tête vers l'oiseau qui les survolait, chantant :
– Tu te crois roc, mais sur mon aile qui te ramènera au village, tu deviendras plume et vent léger.
Hassan se laissa aller sur l'aile qui se posait à ses pieds, et tandis que l'oiseau s'envolait, le jeune homme se sentit devenir plume et oiseau, regrettant une dernière fois ses trois faiblesses.
Et comme, malgré lui, il prenait son vol, Hassan cria à Hina :
– Tue ma fidèle sloughia, revêts-toi de sa peau, et marche sur les traces de mon cheval. Il te ramènera chez mes parents.
Obéissante, Hina sacrifia la sloughia, se revêtit de sa peau et suivit le cheval qui la ramena au village.

Au bruit des sabots de son cheval, les parents du jeune homme accoururent. Mais le cheval et la sloughia étaient seuls, et les pauvres vieillards se lamentèrent sur la perte de leur fils.
Ils conduisirent le cheval à l'écurie et la sloughia au chenil.

un chenil : petit bâtiment où l'on loge les chiens

La vie continua tristement dans la maison où l'on n'entendait d'autre chant que celui d'un oiseau qui semblait avoir pris possession du figuier du jardin.
Le vieil homme et la vieille femme n'auraient pu imaginer que, chaque nuit, cet oiseau venait se poser sur le mur du chenil et questionnait la sloughia de cette façon :
– Hina ! Dis-moi quelle fut ta nourriture, aujourd'hui ? Et dis-moi quel fut ton gîte ?
Ce à quoi la sloughia répondait invariablement :
– J'ai rongé des os et j'ai dormi sur la paille !
Avant de s'envoler, l'oiseau sanglotait :
– Hélas ! Que mon cœur est triste !
Et les larmes coulaient le long de son plumage doré.
Or, un fqih passait ses nuits en prières, non loin de là. Et chaque nuit, il entendait ce dialogue.

un fqih : religieux musulman spécialiste du droit qui donne des recommandations à la population

Une fois, il lui arriva d'interrompre ses prières pour aller boire un peu d'eau. Et en longeant le chenil, il vit et entendit l'oiseau et la sloughia.

Le lendemain matin, le fqih frappa à la porte des vieillards et les prévint.

– Ne laissez pas la sloughia de votre fils au chenil. Elle doit loger près de vous, dans votre maison, et partager la nourriture de vos filles !

Bien que fort étonnés, le vieil homme et la vieille femme suivirent les conseils du fqih.

un grimoire : livre de magie

Celui-ci se retira pour chercher un texte lu dans un vieux grimoire, il y avait bien longtemps. Et quand il l'eut retrouvé, il demanda que l'on égorge sans tarder un taureau noir pour les oiseaux.

C'est le vieil homme qui procéda au sacrifice devant son épouse.
Une multitude d'oiseaux se présenta au festin, et parmi tous ces oiseaux se trouvait celui qui chantait dans le figuier du jardin, depuis le retour de la sloughia.

un sacrifice : mise à mort d'un animal donné en offrande

un festin : un grand repas

La vieille femme le désigna du doigt à son époux. Elle le reconnaissait à son plumage doré.
L'oiseau vola au-dessus des autres oiseaux, attendant que leurs becs s'enfoncent dans la chair de la victime.
Puis, il se posa à son tour.

La mère, qui n'avait pas encore quitté ses voiles blancs de deuil, vit soudain apparaître son fils. Près de lui ne restait plus que la carcasse du taureau. Tous les oiseaux avaient disparu…

Le village entier participa à la joie des retrouvailles.

Sortis des coffres, les costumes de fête furent secoués au soleil. On prépara les kanouns et les feux, et les plus belles bêtes furent égorgées.

Quant aux parents du jeune homme, ils commencèrent par lui offrir de nombreux cadeaux en précisant :
– Que ces festivités ne célèbrent pas uniquement ton retour, mais également tes noces ! Choisis parmi les filles de la tribu celle que tu désirerais pour mère de tes enfants, et ton choix sera le nôtre !

Hassan acquiesça.

Et devant les filles de la tribu réunies, il se dirigea vers le chenil et ramena la sloughia.
– Ma sloughia deviendra mon épouse, et je n'en aurai jamais d'autre qu'elle ! annonça-t-il.
À ces mots, la joie se transforma en consternation.

Et puis, les pauvres vieillards estimèrent que leur fils avait perdu la raison, et qu'il valait mieux accepter momentanément ce caprice. Qui sait si, le jour des noces, l'inconvenance de la situation n'ouvrirait pas les yeux du jeune homme ?

l'inconvenance : le fait de ne pas respecter les règles de bonne conduite en société

Le mariage se déroula comme tous les autres mariages.

nuptial : des mariés

une métamorphose : une transformation

incessant : qui ne s'arrête jamais

le Rif : région nord du Maroc, très montagneuse

La sloughia passa devant les invités, cachée sous les voiles retenus par les jeunes filles qui pouffaient de rire.

Mais lorsque la singulière épousée franchit le seuil de la chambre nuptiale, la sloughia disparut, laissant la place à Hina, la bien-aimée retrouvée.

Et les gens de la tribu saluèrent cette nouvelle métamorphose par des cris, des danses et des chants que l'on peut encore entendre de fort loin, répercutés par l'écho incessant des montagnes du Rif.

Nacer Khemir

M'Hamed, le fils du sultan

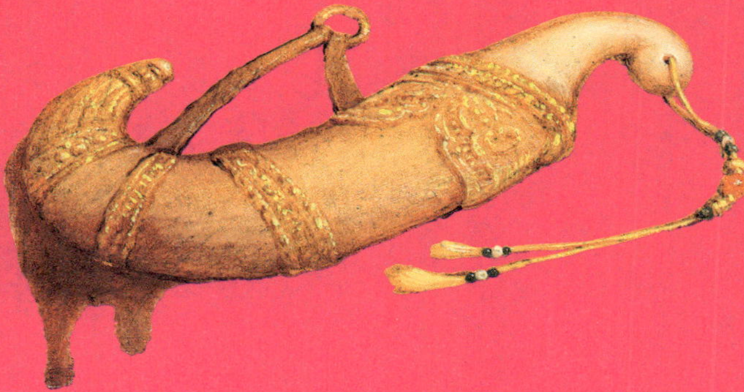

Illustré par Évelyne Faivre

Il était une fois un sultan, mais n'est sultan que Dieu : si c'est moi qui mens, que Dieu me pardonne, mais si c'est le diable qui ment, Dieu le punira.
Ce sultan faisait disparaître chacun de ses fils à la naissance, car il consultait les astres et il était dit que le fils devait tuer son père. Il surveillait toutes ses femmes et, chaque fois que l'une ou l'autre enfantait un garçon, il éliminait l'enfant. Ses femmes n'en pouvaient plus, elles vivaient comme sur des braises.
L'une d'entre elles, à la naissance de son fils, affirma au sultan que c'était une fille et elle réussit pendant un bon moment à protéger son enfant des regards indiscrets. Mais, un jour, l'un des serviteurs découvrit la vérité et rapporta au sultan qu'il avait été leurré. Le sultan décida de tuer l'enfant le jour même, mais la mère réussit, à force de persuasion, à retarder la mort jusqu'à la circoncision. Elle repoussa la fête le plus longtemps possible : « Cette année… Non, l'année prochaine… » Et, quand arriva le terme de cette trêve, elle retarda encore la date fatidique jusqu'au lendemain du mariage. L'enfant grandit et on célébra pour lui un grand mariage.

un sultan : souverain d'un État dans les pays musulmans

faire disparaître : tuer

les astres : nom donné au soleil et aux planètes du système solaire en astrologie

vivre comme sur des braises : vivre constamment en alerte

leurré : trompé

à force de : à la longue

la circoncision : opération qui se pratique dans les religions musulmane et juive et qui consiste à couper la peau du prépuce d'un petit garçon

le terme : la fin

une trêve : un répit

fatidique : important, crucial

El Djem : très ancienne ville située en Tunisie

une mule : animal issu du croisement d'un âne et d'une jument

un crieur public : une personne chargée d'annoncer les nouvelles dans la ville

ratisser : fouiller méthodiquement

un fugitif : une personne qui a pris la fuite

déboucher : arriver

Mais, depuis la naissance de cet enfant, la mère avait fait creuser secrètement un tunnel (ce tunnel existe encore, il commence sous notre cimetière et il finit à El Djem).
Au soir de la nuit de noces, elle laissa les invités se coucher, puis s'en fut charger ses mules de sacs d'or. Et ils partirent en s'enfonçant sous terre, elle, son fils et sa belle-fille.

Le matin, ne trouvant plus personne, le sultan mobilisa tous les crieurs publics de la ville, et il envoya ses serviteurs ratisser les chemins de toute la région. Mais ils revinrent tous épuisés et les chevaux aussi. Ils n'avaient rien trouvé, ni au ciel ni sur la terre, alors que les fugitifs étaient passés sous terre.
Quant aux trois autres, ils débouchèrent au beau milieu d'un désert. Ils marchèrent quelque peu et tombèrent sur un magnifique palais qui leur arriva comme un présent de Dieu. Ce palais était fait de la main de Dieu et il était beau parce que c'était son œuvre.
Ils s'y installèrent, et le jeune couple eut très vite un enfant. Le fils du sultan allait tous les jours à la chasse et, un jour qu'il poussait plus loin que d'habitude, il rencontra un berger :
« Qui es-tu ?
– Je suis un berger du sultan.

– Alors, va dire à mon père : “M’Hamed, sa mère et sa femme se sont échappés. Le Dieu miséricordieux ne les a pas abandonnés : il a bâti pour eux un palais aux murs d’or et d’argent. Les portes sont en *kentel* et le marteau des portes en or et diamant.” »

kentel : matériau précieux

Le berger fit la commission au sultan qui demanda :
« Où l’as-tu vu ?
– Je l’ai rencontré dans un désert du Sahara, alors que je menais paître mon troupeau.
– Si tu le revois, dis-lui : “Ton père te salue. Il te fait dire qu’il te manque encore de pouvoir planter dans ton palais des racines de *menthen*.” »

paître : manger de l’herbe

menthen : plante imaginaire

Le berger retrouva M’Hamed qui rentra chez lui sitôt après.
Il appela sa mère et lui dit :
« *Ouma*, prépare-moi un sac pour le voyage, je pars dans un pays qui n’est pas le mien. »
Et il partit vers l’extrémité du désert. Son cheval marcha longtemps, longtemps, longtemps avant de rencontrer un ogre, étendu de tout son long en travers du chemin. M’Hamed le salua de loin.

« Si ton salut ne t'avait pas précédé, dit l'ogre, j'aurais fait une bouchée de ton cheval et une gorgée de ton sang.
– Pourquoi, grand-père ?
– C'est qu'à toute heure je suis tiraillé par la faim et la soif… »
M'Hamed descendit de cheval et lui offrit ses provisions. Puis il lui coupa les ongles.
« Peux-tu me renseigner sur les racines de *menthen* ?
– Oh ! mon fils, cela, c'est trop difficile pour toi ! Mais attends ! Tu peux aller voir ma sœur l'ogresse, là-bas. Elle saura bien te renseigner, car elle est plus âgée que moi d'une nuit et elle a un tour de plus que moi dans son sac. Prends garde, car si tu la trouves en train de faire cuire ses poux et de brûler des grains d'orge avec des poules noires autour d'elle, alors il faut que tu te sauves. Mais si elle est entourée de poules blanches et qu'elle est en train de faire envoler sa fatigue, alors jette-toi sur son sein droit et appelle-la du nom d'*Esqué*. À ce moment-là, ses enfants accourront en réclamant une bouchée. Elle leur répondra : “C'est votre oncle qui l'envoie et qui interdit de le toucher. Que Dieu balaie de sa main l'endroit où vous vous trouvez !” »

être tiraillé : ressentir des sensations douloureuses à cause de la faim

accourir : arriver en courant

Ainsi en fut-il. Et l'ogresse dit à M'Hamed :
« Lâche-moi, fils de sultan.
– Je ne te lâcherai que si tu me garantis de ne rien me faire. »

Ils se donnèrent une poignée de main, et M'Hamed offrit à l'ogresse un cadeau. Puis il l'interrogea sur les racines de *menthen*.
« Oh ! mon fils, elles poussent là-bas dans ce verger. Mais comment pourras-tu y arriver ? L'endroit est gardé par des chiens, des chevaux et des serviteurs noirs ! Bon, quand tu seras là-bas, tu trouveras des os devant les chevaux et de la paille devant les chiens. La porte sera par terre, relève-la. Mets les os devant les chiens et pose la paille devant les chevaux. Les serviteurs seront en train d'irriguer le sol à partir de l'eau du puits ; tâche de devenir leur ami. Arrache les racines pendant qu'ils dormiront et repars aussitôt sans leur adresser la parole. Surtout, ne te retourne pas s'ils t'appellent et ne traîne pas dans ces parages, car, si Dieu t'a affranchi, c'est que tu es sauvé. »

Tout se passa ainsi. Il alla remercier l'ogresse et rentra chez lui.

un verger : endroit où sont plantés des arbres fruitiers

irriguer : faire circuler l'eau dans des rigoles pour pouvoir cultiver la terre

tâcher : essayer

les parages : les environs

affranchir : donner la liberté

Il rencontra de nouveau le berger de son père :
« Va dire à mon père : “M'Hamed, sa mère l'a sauvé, Dieu l'a protégé. Il habite dans un palais où il a planté des racines de *menthen.*” »

Et le roi répondit :
« Dis-lui quand tu le verras : “Il te manque encore de pouvoir arroser les racines avec du lait de gazelle.” »
« *Ouma*, prépare-moi un beau cadeau », dit M'Hamed quand il apprit la nouvelle.

Sa mère tenta de le retenir, mais il s'en retourna voir l'ogresse et lui offrit son cadeau. L'ogresse lui dit :
« Mon fils, quel est celui qui te pousse à faire tout cela ? Celui-là veut ta mort, c'est sûr. Retourne dans le verger, à côté du puits, tu trouveras des outres. Remplis-en une de lait de gazelle. Pour repartir, tu feras comme la première fois. On demandera aux chiens de te poursuivre et ils répondront : “Non, il nous a donné des os.” On dira aux chevaux de te rattraper et les chevaux répondront : “Non, il nous a donné de la paille.” Et on demandera à la porte de t'arrêter et la porte répondra : “Non, il m'a relevée.” »

une outre :
sac fait de la peau d'un animal qui sert à transporter des liquides

un index : doigt de la main situé juste à côté du pouce

Il suivit le conseil de l'ogresse, et les serviteurs lui demandèrent de rester. Il leur fit « non » de la main, et son index fut brûlé sur-le-champ. Il retourna chez l'ogresse qui lui dit :
« Ah ! malheureux, tu ne m'as pas écoutée. Trempe ton doigt dans cette outre. »
Il plongea sa main dans le lait de gazelle et son doigt se reforma.
Il rentra chez lui et arrosa ses plantes avec le lait.

Il retrouva le berger de son père :
« Va dire à mon père : "M'Hamed, sa mère l'a sauvé, Dieu l'a protégé. Il habite un palais où il a planté des racines de *menthen* et les a arrosées de lait de gazelle." »

un génie : dans les contes arabes, personnage qui a des pouvoirs magiques

la commission : le message

Et le sultan renvoya cette réponse :
« Demande-lui s'il est capable de prendre pour femme la fille du roi des génies. »
Quand ce malheureux lui transmit la commission, M'Hamed retourna voir sa mère et lui dit :
« Ma mère, je pars. »

Sa mère tenta de le retenir, mais il repartit voir l'ogresse.

« Mon fils, tu sais, le palais du roi des génies est entouré d'un collier de têtes coupées : tous ceux qui ont demandé sa fille en mariage et qui n'ont pas satisfait aux épreuves, il leur a fait couper la tête. Toi, va acheter des chamelles et deux cent cinquante kilos de blé. Les chamelles, tu les découperas en morceaux que tu étendras sur les dunes. Puis tu étaleras le blé tout autour. Alors tu te mettras à crier : "La voie est libre pour tous ceux qui ont faim." Il t'apparaîtra toutes sortes de bêtes qui mangeront là chacune ce qu'elles aiment. Quand elles seront rassasiées, leur prince apparaîtra en disant : "Celui qui a fait cela peut me demander ce qu'il veut." Demande-lui deux poils de sa barbe. Tu les garderas sur toi et tu pourras les brûler quand tu auras besoin de lui. »

satisfaire : réussir

une chamelle : la femelle du chameau

une dune : dans le désert, colline de sable

la voie : le chemin

être rassasié : ne plus avoir faim

M'Hamed suivit les directives, et le prince lui donna quatre poils.

une directive : une recommandation

Il revint voir l'ogresse qui lui dit :
« Va dans ce pays où se trouve le palais du roi des génies. Maintenant, tu peux demander la main de la princesse. À chaque épreuve qui te sera imposée, tu brûleras un de ces poils. »

imposer : donner à faire obligatoirement

Il arriva au palais du roi et demanda la main de sa fille. Le roi répondit :
« Tu dois passer la première épreuve : je vais t'enfermer cette nuit dans le plus grand de mes hangars où tout est entassé en vrac : blé, maïs, sorgho, orge et tout le reste. Je te donne la nuit pour trier les grains. Si tu ne réussis pas, tu auras la tête coupée au petit matin. »
On l'enferma dans le hangar. Il attendit un peu avant de demander du feu. Il brûla le premier poil de barbe et toutes les bêtes accoururent autour de lui. Il leur expliqua :
« Si demain matin tous les grains qui sont là mélangés ne sont pas séparés tas par tas, on me coupera la tête. »

un hangar : un local où l'on stocke les marchandises

du sorgho : une sorte de céréale

Toutes les bêtes se mirent au travail. D'ailleurs, les fourmis toutes seules y seraient arrivées.

Le lendemain, les bourreaux du roi arrivèrent pour lui couper la tête, mais, devant le résultat, ils retournèrent voir le roi pour lui dire :
« Seigneur, épargne-nous.
– Si vous dites la vérité.
– Il a réussi !
– Qu'on me l'amène ! »

un bourreau : une personne chargée d'exécuter les prisonniers

On conduisit M'Hamed devant le roi :
« Maintenant, il te reste les autres épreuves. Tu vas passer trois nuits dans la chambre de ma fille et tu tenteras de la faire parler. Si tu réussis, elle sera pour toi ; si tu n'y arrives pas, tu repartiras sain et sauf. »

un oisillon : un jeune oiseau

une natte : tapis pour dormir formé de fibres entrelacées

un témoin : une personne qui assiste à un événement et qui peut dire ce qui s'est passé

Il sortit du palais et rencontra un oisillon qui lui dit de l'emmener avec lui :
« Quand tu seras chez la princesse, dit l'oiseau, tu me cacheras sous la natte. Tu attendras un moment et puis tu soupireras : "Quel silence ! Ma sœur, la natte, raconte-nous une histoire." Et moi, je te répondrai de dessous la natte. »
On l'emmena dans la chambre de la princesse. Il y avait là deux témoins. Il cacha le petit oiseau sous la natte ; puis il s'installa et demanda à la natte de raconter une histoire :
« Quelle histoire veux-tu que je te raconte ? L'histoire de mes malheurs ! Depuis que je suis ici, on ne m'a jamais lavée ni secouée. Je suis envahie de fourmis et d'insectes.
– Oh ! mensonge ! s'exclama la princesse. Pas plus tard que ce matin je t'ai secouée et étendue au soleil.
– Écrivez ce que vous venez d'entendre », dit M'Hamed aux deux témoins.

Le lendemain, il déposa l'oisillon dans une lampe éteinte et il s'adressa à elle :
« Ma sœur la lampe, raconte-nous une histoire.
– Que te raconterai-je ? Depuis que je suis là, on ne m'a toujours remplie que d'huile sale.
– Oh ! dit la princesse, je te mets tous les matins de la bonne huile toute propre.
– Écrivez ! » dit M'Hamed aux témoins.
Le lendemain, l'oiseau s'envola au-dessus du palais et observa la princesse qui sortait tous les tapis pour les étendre au soleil. Le soir, il se cacha dans un de ces tapis. Et M'Hamed demanda au tapis :
« Raconte-nous une histoire.
– Quelle histoire te raconterai-je ? Voilà un an qu'on me jette dans la cour où je suis brûlé par le soleil. »
La princesse s'exclama :
« Oh ! c'est seulement cet après-midi que je t'ai sorti !
– Écrivez ! » dit M'Hamed aux témoins.
On rapporta au roi le résultat des épreuves, mais il renvoya M'Hamed.
Et la princesse se désolait parce que son père ne voulait la marier à personne. Elle envoya un de ses serviteurs à M'Hamed pour lui demander de l'attendre à un endroit qu'elle lui indiqua.

se désoler : éprouver un grand chagrin

La princesse était gardée par quarante esclaves, mais, ce matin-là, elle les renvoya et partit avec sa servante rejoindre M'Hamed. Il la prit sur son cheval et s'en alla au galop.

au galop : l'allure la plus rapide d'un cheval

Le roi, découvrant la disparition de sa fille, se lança à leur poursuite et les rattrapa presque. Mais, comme elle était de la famille des génies, la princesse se transforma en une mare où nageaient deux poissons blancs et un noir. Le roi s'arrêta devant la mare et pensa tout haut : « Tant pis ! ce n'est pas n'importe qui, c'est le fils du sultan qui l'a enlevée. »

Il fit demi-tour et M'Hamed ramena la princesse chez lui.

Il rencontra le berger de son père.

« Va dire à mon père : "M'Hamed, sa mère l'a sauvé, Dieu l'a protégé. Il habite un palais où il a planté des racines de *menthen* et les a arrosées de lait de gazelle. Il a ramené chez lui la fille du roi des génies." »

Le sultan renvoya cette réponse :

« Mais tu n'as pas pris la fille de l'ogresse. »

M'Hamed demanda un cadeau à sa mère et repartit voir l'ogresse qui lui dit :

« Attention, c'est la fille de ma sœur ; elle est fiancée avec mon fils. Je ne te ferai pas de mal, mais je ne te dirai rien. Va-t'en ! »

Il essaya d'insister, mais n'obtint rien de plus.

Locha, la fille de l'ogresse, dormait un an et se réveillait pendant un an. Elle était unique pour sa beauté. M'Hamed savait seulement l'endroit où elle dormait. Quand il arriva près d'elle, il ne lui restait plus que trois jours à dormir avant de s'éveiller.

M'Hamed demanda à la voir en promettant de ne pas rester. La servante le laissa entrer, et il échangea une de ses bagues contre une de celles de Locha. Puis la servante l'enfouit sous un tas de cendres pour le cacher des yeux de l'ogresse mère. Car le jour du réveil de sa fille, elle restait à la maison.

enfouir : cacher

La fille de l'ogresse se réveilla le jour dit, et on lui apporta de l'eau pour se baigner. En se lavant, elle remarqua la bague du prince :

« Oh ! ma mère, cette bague n'est pas à moi ! »

L'ogresse s'écria devant la servante : « Qui a pénétré dans sa chambre, fille de chienne ? »

Mais Locha devinait les signes. Elle comprit qu'il y avait là un appel du destin et rassura sa mère :

deviner les signes : être capable de tirer des informations d'objets qui représentent symboliquement quelque chose

« Je n'étais pas bien réveillée. Ce n'est rien ! »

Quand la mère ogresse fut partie, la servante dit à Locha :

« Cela fait trois jours que le fils du sultan est passé. Je le cache dans les cendres, il veut t'emmener.

– Réponds-lui que je vais demander à ma mère ce qui peut nous permettre de lui échapper. Puis nous partirons ensemble. »

Le lendemain, elle demanda à sa mère de rester avec elle et lui peigna les cheveux. Elle trouva beaucoup de nœuds dans ses cheveux.

« Qu'est-ce que c'est que cela ? dit-elle.

– Oh ! ma fille, quand le fils du sultan t'aura enlevée, cela te permettra de te sauver. Le premier nœud fera pousser entre nous un champ d'épines, le deuxième nœud fera monter un feu vers le ciel et je ne pourrai le traverser que lorsque tu seras déjà loin de là. Le troisième nœud deviendra la mer et le dernier deviendra mousse de savon. C'est celui-là qui te sauvera de moi. »

Loch répondit : « C'est celui-là que je veux. »

Et elle enleva ce nœud en même temps que les autres.

Le lendemain, elle demanda à sa mère d'aller lui chercher du bois très loin. La mère ogresse partit avec son chien, et Locha avec sa servante suivit le fils du sultan.

L'ogresse mère, en rentrant, ne trouva personne à la maison et s'écria : « Oh ! Locha, ma fille ! » Et l'écho répondit : « Ils sont partis, ils sont partis. » Elle s'envola à leur poursuite.

un tourbillon : masse de poussière qui se déplace rapidement en tournant sur elle-même

un métèque : un étranger

épauler : mettre la crosse d'un fusil sur l'épaule pour viser

Se retournant, Locha s'écria :
« Voilà ma mère qui arrive, comme un tourbillon de poussière rouge ! »
Ils lancèrent le premier nœud, et l'espace se couvrit de ronces et d'épines, mais l'ogresse le traversa. Ils lancèrent le deuxième nœud, et un feu monta vers le ciel, mais l'ogresse le traversa. Ils lancèrent le troisième nœud, et la mer roula derrière eux, mais l'ogresse traversa la mer. Ils lancèrent le dernier, et l'ogresse en voyant la mousse de savon s'écria :
« Tu as gagné, ma fille ! Tu n'as pas épousé un métèque ou un berger, c'est un fils de sultan qui t'a enlevée. Mais écoute mon conseil : vous allez rencontrer deux oiseaux en train de se battre, ne les tuez pas. Vous allez croiser un Noir, ne le tuez pas. »
Ils s'en allèrent et rencontrèrent les deux oiseaux. Le fils du sultan épaula son fusil pour les viser, mais Locha l'arrêta :
« N'y touche pas, c'est ma mère qui l'a dit. »

Ils rencontrèrent le Noir, qui interpella M'Hamed :
« Tu veux te battre à main armée ou à main nue ? »
– À main nue. »

Le fils du sultan gagna la lutte et le Noir se rendit :
« Tu es mon maître ! »
M'Hamed lui accorda pour épouse la servante de Locha et l'emmena chez lui.

Maintenant qu'il se retrouvait chez lui avec ses trois femmes, il s'éveilla un jour en pleurant :
« Je veux voir mon père. »
Sa mère essaya de le raisonner, mais il insista :
« Non, malgré tout, il est mon père. Il faut que je le voie. »
La fille du roi des génies arriva et lui demanda :
« Que faut-il pour te plaire, maître ?
– Je veux voir mon père.
– Bien, demain, toi et tout ce que tu possèdes, vous serez devant le palais de ton père. »
Elle tourna sa bague magique : « Bague de l'Orient et de l'Occident, je veux que tout ceci soit transporté devant le palais du sultan. »

Le lendemain, au palais du sultan, le premier qui ouvrit les yeux s'exclama :
« Qu'est-ce qui nous arrive là ? Les *francis* qui reviennent ? » Tout le monde accourut chez le sultan en s'écriant : « Des étrangers dans notre ville ! »

Le sultan sortit, et M'Hamed se précipita sur lui : « Père, père, je suis ton fils ! »
M'Hamed l'invita à venir chez lui, mais le père voulait toujours sa tête. Il donna l'ordre à deux de ses serviteurs de l'emmener dans le désert pour le tuer :
« Rapportez-moi deux verres de son sang et un morceau de son foie ! »
Les deux serviteurs emmenèrent M'Hamed, mais, émus par sa jeunesse, ils décidèrent de l'épargner. En faisant cela, ils risquaient leur vie. Ils lui crevèrent les yeux et l'abandonnèrent sur place. Puis ils tuèrent un lapin dont ils rapportèrent au sultan le sang et le foie. Le soir même, le sultan décida d'épouser les femmes de

être ému : avoir pitié

épargner : laisser la vie sauve

son fils. Mais, en arrivant à la porte du palais de M'Hamed, il trouva le serviteur noir qui l'arrêta de son sabre : « Personne ne passera le seuil de la demeure de mon maître ! »

Le lendemain et chaque jour suivant, le sultan envoya des soldats pour abattre le Noir, mais chaque fois, c'était lui qui gagnait.
Une nuit, M'Hamed était sous un arbre, lorsque les deux oiseaux qu'il avait épargnés vinrent se poser sur une branche. L'un disait à l'autre :
« Qu'est-ce que tu as vu de plus extravagant sur la terre ?
– J'ai vu le sultan combattre le serviteur de son fils, pour épouser ses femmes.
– Moi, j'ai vu le vent se battre avec la mer et les bateaux se sont brisés. Mais, tais-toi, car le jour, il y a les yeux et la nuit, les oreilles.
– Si le fils du sultan arrive à nous attraper, il pourra retrouver sa vue en appliquant notre foie sur ses yeux.
– Tais-toi, si quelqu'un nous écoutait…
– Oh ! il n'y a personne ! »

extravagant : qui surprend par sa bizarrerie

Quand, avec la nuit, ils s'endormirent, M'Hamed les attrapa. Il leur appliqua leur foie sur ses yeux et recouvra la vue.

se lamenter : gémir, se plaindre en pleurant

réquisitionner : enrôler de force

décapiter : couper la tête

Le lendemain, il revint à la ville, où tout le monde se lamentait, car le sultan réquisitionnait tous les fils des femmes pour combattre le Noir. Et chaque jour le Noir décapitait une armée.

M'Hamed emprunta un cheval, des habits de vieillard et s'en alla trouver le Noir. Il s'exclama devant tout le monde : « Vous n'avez pas réussi à tuer celui-là ! Vous verrez demain, c'est moi qui l'abattrai ! Et il s'adossa au mur de son palais. Le Noir reconnut son maître et courut annoncer à ses femmes qu'il était vivant. La fille du roi des génies lui donna une pomme d'or en lui disant :
« Lance-lui cette pomme, si c'est notre maître, il l'attrapera et la cachera dans ses vêtements. »
Ainsi fit-il.
À la tombée de la nuit, on le fit entrer par une petite porte. Il s'assit au milieu des siens et raconta ce qui lui était arrivé.
M'Hamed donna au Noir un cœur de brebis, pour qu'il le cache sous sa chemise au moment de la lutte.

Le lendemain, M'Hamed traversa fièrement la ville, pour aller se battre avec le Noir. Il piqua le cœur de la bête à l'intérieur des vêtements et le porta haut en triomphe devant tout le monde. Le Noir se débattit un moment avant de tomber comme mort.

Toute l'assistance exultait de joie, et M'Hamed l'arrêta :

exulter de joie : être fou de joie

« Qu'est-ce qui vous arrive ?

– Le sultan va épouser ses belles-filles !

– Est-ce permis par la loi ?

– Oui », répondirent bien haut le sultan et ses alliés.

Mais, dans la foule, les croyants murmuraient que non.

Il partagea la foule en deux : ceux qui approuvaient le sultan et ceux qui respectaient la loi.

Il fit un clin d'œil au Noir qui se releva d'un bond et se jeta sur la foule des rebelles en commençant par le sultan. Il les abattit tous, et M'Hamed devint le sultan du pays.

un rebelle : une personne hostile à un gouvernement et qui le combat

Table

Achevé d'imprimer en Slovaquie par Polygraf
Dépôt légal: Septembre 2012 - Collection n° 73 - Édition 03
11/7509/0